PAIDEIA
ÉDUCATION

VOLTAIRE

Micromégas

Analyse littéraire

© Paideia éducation.

22 rue Gabrielle Josserand - 93500 Pantin.

ISBN 978-2-75930-463-9

Dépôt légal : Septembre 2023

Impression Books on Demand GmbH

In de Tarpen 42

22848 Norderstedt, Allemagne

SOMMAIRE

- Biographie de Voltaire 9

- Présentation de *Micromégas* 15

- Résumé du conte 19

- Les raisons du succès 25

- Les thèmes principaux 29

- Étude du mouvement littéraire 35

- Dans la même collection 39

BIOGRAPHIE DE VOLTAIRE

Né en 1694 à Paris et fils de notaire, François-Marie Arouet dit Voltaire est un écrivain et philosophe français. Il connaît une jeunesse turbulente, durant laquelle il reçoit une éducation humaniste et mondaine. De 1704 à 1710, il suit une formation classique chez les Jésuites, à Louis-le-Grand. C'est un élève doué d'une intelligence certaine. Ses maîtres d'Argental, d'Argenson et Cideville, qui resteront ses amis, encouragent sa vocation littéraire. Cela dit, alors adolescent, François-Marie Arouet néglige ses études de droit et goûte aux plaisirs libertins de la Société du Temple, où il est introduit par son parrain, l'abbé de Châteauneuf. Cette expérience développe chez lui un intérêt prononcé pour le bel esprit.

Ses *Écrits satiriques* contre le poète La Motte puis contre le régent le contraignent à s'exiler en Province en 1716. À son retour à Paris en 1717, il publie une épigramme en latin à l'encontre du régent. Cette fois, il sera emprisonné à la Bastille pour onze mois, durant lesquels il lira Homère et Virgile et rédigera une tragédie, *Œdipe*, ainsi qu'un poème, *La Ligue*.

Lorsqu'il sort de prison en 1718, l'écrivain prend le nom de Voltaire et devient célèbre grâce à la parution des deux textes écrits pendant son séjour à la Bastille. Ce succès lui vaut sa fortune. Désormais, Voltaire fréquente les salons et les châteaux où il peut mettre en œuvre ses talents de poète mondain. En 1725, Voltaire séjourne à Fontainebleau, où il fait jouer trois pièces pour le mariage du roi.

En 1726 cependant, une querelle l'oppose au chevalier de Rohan. Abandonné par ses nobles protecteurs, Voltaire est de nouveau enfermé à la Bastille. La même année, il est autorisé à s'exiler en Angleterre.

Cette période d'exil anglais joue un rôle décisif dans la vie de l'écrivain. Là-bas, il retrouve les privilèges d'homme mondain dont il jouissait en France. Il y découvre une civilisation et un régime politique différents, la monarchie parlementaire, où le peuple est libre et respectueux, ce qui contribue à forger sa pensée philosophique. En outre, l'efficacité de l'humour est pour lui une révélation et il s'initie aux libertés parlementaires, en découvrant les bienfaits du commerce et de l'industrie. Il y étudie également les sectes religieuses et fréquente les libres penseurs. En 1728, il publie *La Henriade*, version remaniée de *La Ligue*, qu'il dédie à la reine d'Angleterre. Il travaille également à l'élaboration de quatre tragédies et se documente pour ses *Lettres anglaises*.

Lorsque Voltaire rentre en France en 1729, il tente de reconquérir le public parisien en faisant jouer trois tragédies inspirées de William Shakespeare : *Brutus* (1730), *Zaïre* (1732) et *Adélaïde du Guesclin* (1734).

En 1734, il décide de publier sans autorisation les *Lettres philosophiques* (ou *Lettres anglaises*). Lanson dira qu'il s'agit d'une « première bombe lancée contre l'ancien régime » (Lagarde et Michard). Voltaire est contraint de s'exiler en Lorraine et se réfugie chez madame du Châtelet, à Cirey, de 1734 à 1744.

Commence alors pour lui une grande période créatrice. Il rédige de nombreuses pièces, parmi lesquelles *La Mort de César* (1735), *Alzire* (1736), *L'Enfant prodigue* (1736), *Zulime* (1740) et *Mérope* (1743), qu'il fait jouer dans le théâtre qu'il a installé dans le grenier de madame du Châtelet. Cette dernière, cultivée et passionnée par les sciences expérimentales, développe chez Voltaire un intérêt particulier pour les sciences et incite l'auteur à la prudence. Celui-ci continue de publier des œuvres avec une verve moins acerbe, telles que *Discours sur l'Homme* (1738) ou *Epître sur Newton* (1738), et repousse la parution de son *Traité de Métaphysique*. Il entreprend également la rédaction du *Siècle de Louis XIV* et de l'*Essai sur les mœurs*.

En 1744, d'Argenson devient ministre et rappelle Voltaire à Versailles. Débute pour l'écrivain la période des cours qui s'échelonnera jusqu'en 1755. Durant trois ans, il est poète de cour et historiographe du roi à Versailles. Il entre également à l'Académie mais est mal vu du roi et de la reine. En 1747, il publie *Zadig* où il met en scène son expérience de courtisan.

Cette même année, il accompagne madame du Châtelet à la cour de Lorraine, mais celle-ci meurt prématurément en 1749. Voltaire, désemparé, quitte la France et rejoint la cour de Frédéric II de Prusse en 1750. Là-bas, il publie le *Siècle de Louis XIV* (1751) et le *Poème sur la loi naturelle* (1752). Il entre également définitivement dans la voie du conte philosophique avec *Micromégas* (1752) ainsi que dans celle du pamphlet avec *Akakia*.

Suite à une brouille avec Frédéric II, Voltaire retourne deux années en Alsace, de 1753 à 1755, avant de s'installer près de la frontière suisse, à Ferney, dans une propriété qu'il nommera « Les Délices ».

Il y installe un théâtre et fait jouer *Orphelin de la Chine* (1755). Il publie également *Poème sur le désastre de Lisbonne*, ainsi que *Essai sur les mœurs* (1756). Mais, très critique à l'égard du protestantisme, les Genevois font interdire son théâtre et s'offusquent des allégations portées à leur encontre dans l'article « Genève » que Voltaire a fait publier dans l'*Encyclopédie*.

L'écrivain s'engage alors dans la bataille encyclopédique et rédige de nombreux pamphlets et satires à l'encontre des détracteurs des philosophes. C'est en 1759 qu'il écrit son conte philosophique le plus illustre, *Candide*.

Dans la période où il séjourne à Ferney, Voltaire établit une correspondance très vaste par laquelle il est en contact avec toute l'Europe. Il se nomme lui-même « l'aubergiste de l'Europe » et reçoit des princes, des écrivains ainsi que des admirateurs de toute nationalité. Il rédige encore également une dizaine de tragédies qu'il fera jouer dans son théâtre.

Il continue dans la voie des romans philosophiques avec *L'Ingénu* ou *Jeannot et Colin* et publie son *Dictionnaire philosophique* en 1764. Voltaire s'engage également contre l'injustice en intervenant dans l'affaire Calas (1762) et dans celle du chevalier de la Barre (1766).

En 1778, Voltaire assiste à la représentation d'*Irène*, la dernière de ses tragédies. Il est acclamé par le public et fêté par l'Académie. Il décède cette même année à l'âge de 84 ans. Ses cendres seront transférées au Panthéon en 1791.

PRÉSENTATION
DU CONTE

Micromégas (qui signifie « petit-grand ») est un géant de 8 lieues de haut vivant sur une immense planète nommée Sirius. Jeune savant dont la durée de vie se compte en millions d'années, Micromégas a rédigé des travaux scientifiques hautement contestés par le chef religieux de sa planète. Contraint à l'exil, il entreprend alors un voyage interplanétaire avec le secrétaire de l'Académie de Saturne. Ils visitent ensemble Jupiter, Mars puis échouent sur Terre en 1737.

Au milieu de l'océan Arctique, ils découvrent un navire que Micromégas prend dans sa main. Les deux géants essaient alors de communiquer avec les personnes à bord du navire, qui leur apparaissent aussi minuscules que des insectes.

Probablement rédigé en 1739 lorsque Voltaire est à Cirey, chez madame du Châtelet, *Micromégas* ne paraît qu'en 1752, alors qu'il vit en Prusse, après avoir remanié son texte en 1750. Cette œuvre est l'un des premiers contes philosophiques de l'auteur, dans lequel s'entremêlent des notions et des critiques qui seront les thèmes fétiches de l'auteur : la satire sociale, les sciences ou encore le relativisme.

RÉSUMÉ DU CONTE

Chapitre premier

Voyage d'un habitant du monde de l'étoile de Sirius dans la planète de Saturne

Micromégas est un géant de huit lieues de haut (environ trente-deux kilomètres), vivant depuis plusieurs milliers d'années sur la planète Sirius. Personnage très cultivé et maîtrisant un grand nombre de savoirs, scientifiques notamment, il rédige un ouvrage sur les insectes. Fortement critiqué par le chef religieux de sa planète, il est contraint de s'exiler durant au moins huit cents ans. Bien décidé à continuer de former son esprit et à développer son intelligence, il entreprend un voyage interstellaire. Il échoue sur Saturne, dont les habitants lui paraissent être des nains (ils ne font que dix kilomètres de haut !), et sympathise avec le secrétaire de l'Académie de Saturne.

Chapitre II

Conversation de l'habitant de Sirius avec celui de Saturne

Lors d'une conversation, les deux personnages parlent de ce qu'ils savent et de ce qu'ils ne savent pas. Chacun décrit les différentes caractéristiques de sa planète, ainsi que celles des hommes qui y vivent. À l'issue de leur conversation, curieux de découvrir d'autres mondes, ils décident d'effectuer, ensemble, un petit voyage philosophique.

Chapitre III

Voyage de deux habitants de Sirius et de Saturne

Alors que la maîtresse du Saturnien tente de le retenir, les deux géants partent pour leur voyage. Ils vont d'abord de lune en lune, avant de séjourner sur Jupiter durant une année. Passant à proximité de Mars et constatant sa petitesse, ils décident de continuer leur chemin, craignant de ne pas y trouver de quoi dormir convenablement. C'est alors qu'ils aperçoivent la Terre. Se servant d'une aurore boréale, ils échouent sur les bords de la mer Baltique le 5 juillet 1737.

Chapitre IV

Ce qui leur arriva sur le globe de la Terre

Après avoir déjeuné deux montagnes, les deux voyageurs entreprennent le tour du globe en trente-six heures, considérant la Méditerranée comme une mare et l'Océan Pacifique comme un étang. N'y voyant aucun habitant, le nain de Saturne en conclut que personne ne vit sur ce globe étrange, « si mal construit », « si irrégulier », et « d'une forme qui [lui] paraît si ridicule ». Alors qu'ils discutent, Micromégas laisse tomber son collier de diamants qui se brise. Les diamants vont leur servir de microscope. Le nain de Saturne, en observant à l'aide d'une pierre précieuse, découvre une baleine et imagine que cette planète n'est habitée que par des baleines. Mais soudain, ils aperçoivent quelque chose de plus gros : il s'agit d'un navire.

Chapitre V

Expériences et raisonnements des deux voyageurs

Les deux géants croient tout d'abord qu'il s'agit d'un étrange animal. Mais en y regardant de plus près, avec un effort certain, Micromégas découvre que ce navire est habité de « petites machines ». Les deux voyageurs sont excités à l'idée d'apercevoir des « objets » si nouveaux.

Chapitre VI

Ce qui leur arrive avec des hommes

En les observant, Micromégas comprend que les « atomes » se parlent. Il saisit alors une paire de ciseaux et construit un entonnoir à l'aide d'une rognure d'ongle, afin de pouvoir communiquer avec eux.

Alors que les deux voyageurs commencent à leur parler, les naufragés se demandent d'où viennent ces voix. Le Saturnien leur raconte alors leur voyage depuis Sirius, qui est Micromégas et leur pose de nombreuses questions, parfois méprisantes, notamment sur leur petite taille proche de « l'anéantissement ».

Les hommes du navire, quelque peu offensés, leur tiennent alors un discours mathématique, bluffant les deux géants qui comprennent que ces étranges créatures sont munies d'une âme et d'une capacité de réflexion. Tous continuent alors de converser les uns avec les autres.

Chapitre VII

Conversation avec les hommes

Les hommes du navire racontent aux deux voyageurs de quoi est constitué leur monde. Ils émettent alors de vives critiques à l'égard des rois et des sultans qui dirigent leur planète et qui envoient tant d'hommes s'entretuer au combat.

Leur conversation évolue ensuite sur des données mathématiques, forçant les deux géants à admettre que de si petits personnages ne sont finalement pas moins doués qu'eux.

Évoquant des sujets de métaphysique, Micromégas les questionne sur leur âme. Après de nombreux discours empruntés à divers philosophes, un des naufragés développe un discours anthropocentriste qui révèle l'orgueil déplacé des hommes.

Micromégas et le Saturnien, riant aux éclats du ridicule de tels propos, leur promettent alors de leur écrire un livre de philosophie pour qu'ils en fassent bon usage, puis quittent la Terre pour continuer leur voyage. Lorsque l'ouvrage est apporté à l'Académie des Sciences de Paris, le secrétaire découvre que les pages du livre sont blanches. Le message est clair : il n'y a pas de vérité absolue, tout est sujet au relativisme.

LES RAISONS
DU SUCCÈS

Micromégas s'inscrit tout particulièrement dans la tradition des récits de voyage de son époque. Dès le XVIIe siècle, apparaît le voyage céleste avec *États et empires de la Lune et du Soleil*, très apprécié dans les milieux libertins que Voltaire a fréquentés plus jeune.

Mais ce sont probablement les *Voyages de Gulliver* de Jonathan Swift, parus en 1726, qui influenceront le plus l'écrivain de *Micromégas*. Traduite en français en 1727 par l'abbé Desfontaines, cette œuvre a connu un vif succès et a beaucoup plu à Voltaire.

Cyrano, le personnage principal de *États et empires de la Lune et du Soleil*, comme Gulliver, sont deux Terriens qui voyagent à travers des mondes inconnus, et souvent imaginaires. Leur distance avec les univers qu'ils découvrent leur permet d'apporter un regard neuf qui contribue à modifier l'image que le lecteur a de l'homme et du monde. C'est précisément cet aspect que l'on retrouve dans *Micromégas* : les deux géants de Sirius et de Saturne effectuent un voyage interstellaire jusqu'à se retrouver sur Terre, où il découvre un univers insoupçonnable. Une différence doit cependant être mentionnée : les deux voyageurs découvrent un ailleurs qui n'est autre que notre propre monde, celui-là même dans lequel évolue le lecteur.

En cela, Micromégas et le nain de Saturne jouent le rôle de l'étranger qui débusque nos absurdités ainsi que nos incohérences. Cette distanciation, mise en place par le regard extérieur que portent ces deux personnages sur notre univers, n'est pas sans rappeler Montesquieu et ses *Lettres persanes* de 1721. Dans ce roman épistolaire en effet, Usbek, condamné à quitter Ispahan pour des raisons similaires à Micromégas, vient poser son regard critique à Paris, sur la cour de Louis XIV.

Le prétexte du regard extérieur à la royauté française est

l'occasion, pour Montesquieu, d'élaborer des critiques aiguës à l'égard du roi, de l'absolutisme, et de mettre en place une véritable satire sociale. C'est également ce que fera Voltaire dans *Micromégas*, conférant à son texte une dimension parodique importante et évoquant, pour le public du XVIIIe siècle, des références à des œuvres qui ont connu un large succès.

LES THÈMES PRINCIPAUX

Dans *Micromégas*, Voltaire met en place une satire sociale très importante. Au cours des différents chapitres, il s'en prend, en effet, à diverses instances de la société de l'époque.

La première critique qui apparaît dans l'œuvre est celle que l'écrivain émet aux sujets des scientifiques. Dans le premier chapitre, après que Voltaire a décrit l'apparence physique du géant Micromégas, une longue phrase vient tourner au ridicule les démonstrations mathématiques que des algébristes pourraient mettre au jour au sujet de l'immensité du personnage (« Quelques algébristes, gens toujours utiles au public, […] qu'il faut absolument que le globe qui l'a produit ait au juste vingt et un millions six cent mille fois plus de circonférence que notre petite terre »).

Mais Voltaire émet également une vive critique à l'encontre de la religion. Cela apparaît également dès le premier chapitre. Micromégas, ayant rédigé des travaux scientifiques qui ont été vivement critiqués par le chef religieux de sa planète, est contraint de s'exiler. Voltaire dresse alors un portrait bref mais non moins acerbe à l'encontre du muphti de Sirius. À l'origine, « muphti » désigne le chef de la religion mahométane. Mais Voltaire, lorsqu'il utilise ce terme, désigne en réalité un chef religieux sans référence à une religion précise. L'écrivain le décrit comme suit : « Grand vétillard et fort ignorant […] le muphti fit condamner le livre par des jurisconsultes qui ne l'avaient pas lu. »

Enfin, on trouve dans *Micromégas* une critique contre le pouvoir royal, qui apparaît dans le dernier chapitre, lorsque les terriens, avec lesquels les deux voyageurs discutent, expliquent comment les hommes s'entretuent pour la gloire de leur roi ou de leur sultan. Discrète, mais pas moins vive, cette offense au pouvoir royal de droit divin critique la façon dont les souverains, au nom de grâces rendues à Dieu, envoient des hommes se massacrer entre eux, alors qu'ils restent, eux, impassibles et bien cachés dans leur demeure : « D'ailleurs, ce n'est pas eux qu'il faut punir : ce sont ces barbares sédentaires qui, du fond de leur cabinet, ordonnent, dans le temps de leur digestion, le massacre d'un million d'hommes, et qui ensuite en font remercier Dieu solennellement. »

Micromégas est également, pour Voltaire, l'occasion de dresser une sorte de panorama des connaissances, notamment scientifiques, de son époque. Pour le comprendre, il faut replacer l'œuvre dans son contexte d'écriture : en 1739, Voltaire est à Cirey, en compagnie de madame du Châtelet, qui initie l'écrivain à la découverte scientifique. De nombreuses références jalonnent l'ensemble du conte. Par exemple, derrière le Saturnien se dissimule en réalité Fontenelle, un écrivain élu à l'Académie française en 1691 ainsi qu'à l'Académie des sciences en 1697, qui a contribué à vulgariser les sciences dans les milieux mondains. De la même manière, le navire qui revient d'une expédition au cercle polaire avec à son bord des terriens, fait, lui, référence à l'expédition menée par Maupertuis en Laponie en 1736-1737.

Enfin, le thème du relativisme est, sans aucun doute, celui qui habite l'œuvre dans sa totalité et qui est mis en place dans chacun des chapitres. À travers *Micromégas*, Voltaire a souhaité démontrer que tout n'est qu'une question de point de vue et qu'il n'existe aucune vérité absolue. Ainsi, les Terriens paraissent-ils ridiculement minuscules aux yeux des deux géants ; tandis qu'eux-mêmes semblent immensément grands pour les Terriens. De même, Micromégas trouve le Saturnien particulièrement petit lorsqu'il le rencontre. Ce dernier mesure pourtant 6000 pieds !

En outre, le nain de Saturne, « qui jugeait quelquefois un peu trop vite » (chapitre 4) est convaincu que des êtres aussi imperceptibles que les Terriens ne peuvent avoir de voix, ni d'âme, et ne sont donc capables ni de penser, ni de réfléchir, ni de s'exprimer. Lorsque les deux géants réussissent à communiquer avec ces « insectes », ces « mites », ils réalisent qu'ils sont non seulement doués de la parole, mais qu'ils maîtrisent certainement aussi bien qu'eux les savoirs scientifiques.

Voltaire cherche donc ici à mettre à mal les préjugés. Aucun savoir n'est absolu. Tout est relatif et se met en place dans un système de rapports. Il y a cependant un savoir minimum et commun qui apparaît dans l'œuvre : Dieu existe, l'homme a une âme et peut penser et calculer. En dehors de ces quelques certitudes, rien n'est définitif. Et c'est bien sur cette idée que se termine le conte : l'image du livre aux pages blanches que Micromégas laisse aux Terriens montre qu'aucun savoir n'est absolu et qu'il est vain de rechercher la Vérité.

ÉTUDE DU MOUVEMENT LITTÉRAIRE

Pour bien comprendre la portée de *Micromégas*, il faut replacer l'œuvre dans son contexte. Lorsqu'elle paraît en 1752, les idées des philosophes des Lumières sont en plein essor, notamment à travers une œuvre majeure et représentative de l'ensemble du XVIIIe siècle : L'*Encyclopédie*, dont les deux premiers volumes sont déjà publiés (et condamnés) en 1752.

Micromégas s'inscrit parfaitement dans le mouvement des philosophes des Lumières, et plus largement dans la démarche de diffusion des savoirs de L'*Encyclopédie*.

En effet, se développe au XVIIIe siècle une volonté de transmission et de vulgarisation des connaissances de l'époque. Il s'agit de rompre avec les préjugés et de laisser place au progrès de la civilisation par le biais de la connaissance.

Le but essentiel est de solliciter les esprits, de les éveiller au monde qui les entoure, de les amener à réfléchir par eux même et de les laisser libre de penser à leur manière. Le combat contre l'absolutisme est en marche : rien n'est définitif, tout évolue. Mieux, rien de ce qui est invoqué au nom du droit divin n'est légitime ! Une véritable critique à l'égard des dogmes religieux est alors mise en place.

À travers ces éléments, on comprend que *Micromégas* s'inscrit parfaitement dans la mouvance idéologique de l'époque. Les principaux chevaux de bataille des penseurs du XVIIIe siècle sont présents dans le conte de Voltaire : satire sociale, critique de la religion, remise en cause de l'absolutisme et de la monarchie de droit divin, diffusion des savoirs scientifiques, etc.

Cette démarche, lancée par les philosophes des Lumières, parmi lesquels on retrouve des noms très célèbres tels que Rousseau, Diderot ou encore d'Alembert, constitue une étape importante dans la société de l'époque, puisqu'elle conduira inéluctablement à la remise en cause du système de l'Ancien Régime avec les conséquences qu'on lui connaît : la Révolution française de 1789.

DANS LA MÊME COLLECTION
(par ordre alphabétique)

- **Anonyme**, *La Farce de Maître Pathelin*
- **Anouilh**, *Antigone*
- **Aragon**, *Aurélien*
- **Aragon**, *Le Paysan de Paris*
- **Austen**, *Raison et Sentiments*
- **Balzac**, *Illusions perdues*
- **Balzac**, *La Femme de trente ans*
- **Balzac**, *Le Colonel Chabert*
- **Balzac**, *Le Lys dans la vallée*
- **Balzac**, *Le Père Goriot*
- **Barbey d'Aurevilly**, *L'Ensorcelée*
- **Barbey d'Aurevilly**, *Les Diaboliques*
- **Bataille**, *Ma mère*
- **Baudelaire**, *Les Fleurs du Mal*
- **Baudelaire**, *Petits poèmes en prose*
- **Beaumarchais**, *Le Barbier de Séville*
- **Beaumarchais**, *Le Mariage de Figaro*
- **Beauvoir**, *Mémoires d'une jeune fille rangée*
- **Beckett**, *En attendant Godot*
- **Beckett**, *Fin de partie*
- **Brecht**, *La Noce*
- **Brecht**, *La Résistible ascension d'Arturo Ui*
- **Brecht**, *Mère Courage et ses enfants*
- **Breton**, *Nadja*
- **Brontë**, *Jane Eyre*
- **Camus**, *L'Étranger*
- **Carroll**, *Alice au pays des merveilles*
- **Céline**, *Mort à crédit*

- **Céline**, *Voyage au bout de la nuit*
- **Chateaubriand**, *Atala*
- **Chateaubriand**, *René*
- **Chrétien de Troyes**, *Perceval ou le conte du Graal*
- **Chrétien de Troyes**, *Yvain ou le Chevalier au lion*
- **Cocteau**, *La Machine infernale*
- **Cocteau**, *Les Enfants terribles*
- **Colette**, *Le Blé en herbe*
- **Corneille**, *Le Cid*
- **Crébillon fils**, *Les Égarements du cœur et de l'esprit*
- **Defoe**, *Robinson Crusoé*
- **Dickens**, *Oliver Twist*
- **Du Bellay**, *Les Regrets*
- **Dumas**, *Henri III et sa cour*
- **Duras**, *L'Amant*
- **Duras**, *La Pluie d'été*
- **Duras**, *Un barrage contre le Pacifique*
- **Flaubert**, *Bouvard et Pécuchet*
- **Flaubert**, *L'Éducation sentimentale*
- **Flaubert**, *Madame Bovary*
- **Flaubert**, *Salammbô*
- **Gary**, *La Vie devant soi*
- **Giraudoux**, *Électre*
- **Giraudoux**, *La Guerre de Troie n'aura pas lieu*
- **Gogol**, *Le Mariage*
- **Homère**, *L'Odyssée*
- **Hugo**, *Hernani*
- **Hugo**, *Les Misérables*
- **Hugo**, *Notre-Dame de Paris*
- **Huxley**, *Le Meilleur des mondes*
- **Jaccottet**, *À la lumière d'hiver*
- **James**, *Une vie à Londres*
- **Jarry**, *Ubu roi*

- **Kafka**, *La Métamorphose*
- **Kerouac**, *Sur la route*
- **Kessel**, *Le Lion*
- **La Fayette**, *La Princesse de Clèves*
- **Le Clézio**, *Mondo et autres histoires*
- **Levi**, *Si c'est un homme*
- **London**, *Croc-Blanc*
- **London**, *L'Appel de la forêt*
- **Maupassant**, *Boule de suif*
- **Maupassant**, *Le Horla*
- **Maupassant**, *Une vie*
- **Molière**, *Amphitryon*
- **Molière**, *Dom Juan*
- **Molière**, *L'Avare*
- **Molière**, *Le Malade imaginaire*
- **Molière**, *Le Tartuffe*
- **Molière**, *Les Fourberies de Scapin*
- **Musset**, *Les Caprices de Marianne*
- **Musset**, *Lorenzaccio*
- **Musset**, *On ne badine pas avec l'amour*
- **Perec**, *La Disparition*
- **Perec**, *Les Choses*
- **Perrault**, *Contes*
- **Prévert**, *Paroles*
- **Prévost**, *Manon Lescaut*
- **Proust**, *À l'ombre des jeunes filles en fleurs*
- **Proust**, *Albertine disparue*
- **Proust**, *Du côté de chez Swann*
- **Proust**, *Le Côté de Guermantes*
- **Proust**, *Le Temps retrouvé*
- **Proust**, *Sodome et Gomorrhe*
- **Proust**, *Un amour de Swann*
- **Queneau**, *Exercices de style*

- **Quignard**, *Tous les matins du monde*
- **Rabelais**, *Gargantua*
- **Rabelais**, *Pantagruel*
- **Racine**, *Andromaque*
- **Racine**, *Bérénice*
- **Racine**, *Britannicus*
- **Racine**, *Phèdre*
- **Renard**, *Poil de carotte*
- **Rimbaud**, *Une saison en enfer*
- **Sagan**, *Bonjour tristesse*
- **Saint-Exupéry**, *Le Petit Prince*
- **Sarraute**, *Enfance*
- **Sarraute**, *Tropismes*
- **Sartre**, *Huis clos*
- **Sartre**, *La Nausée*
- **Senghor**, *La Belle histoire de Leuk-le-lièvre*
- **Shakespeare**, *Roméo et Juliette*
- **Steinbeck**, *Les Raisins de la colère*
- **Stendhal**, *La Chartreuse de Parme*
- **Stendhal**, *Le Rouge et le Noir*
- **Verlaine**, *Romances sans paroles*
- **Verne**, *Une ville flottante*
- **Verne**, *Voyage au centre de la Terre*
- **Vian**, *J'irai cracher sur vos tombes*
- **Vian**, *L'Arrache-cœur*
- **Vian**, *L'Écume des jours*
- **Voltaire**, *Candide*
- **Zola**, *Au Bonheur des Dames*
- **Zola**, *Germinal*
- **Zola**, *L'Argent*
- **Zola**, *L'Assommoir*
- **Zola**, *La Bête humaine*
- **Zola**, *Nana*

- **Zola**, *Pot-Bouille*